letras minúsculas

Isabel Burgos

letras minúsculas

Editorial Fuga

Isabel Burgos

Letras minúsculas / Isabel Burgos – Panamá: Editorial Fuga Editor, 2017.

80 p.; 21 cm.

ISBN 978-9962-691-50-1

Coordinación de edición: Carlos Wynter Melo.
Diseño: Alejandra Zuno Arias.

Panamá, 2017

Agradecimiento

Para Pepe, Juan y Claudia, con el recuerdo de una noche estrellada en Cuango.

Isabel Burgos

Índice

Progreso

El lobo, aterrorizado por el ruido y la destrucción de las máquinas, huyó hacia el borde mismo del bosque. Allí encontró una casa, refugio y alimento. También encontró al hombre y a la muerte.

Isabel Burgos.

Telas

En la tienda de géneros, la mamá de Caperucita, indecisa entre el verde y el azul, dispuso, cosa rarísima para la época, preguntarle a la niña. Esta, impresionada aún con la sangre del cordero que había atacado el lobo la noche anterior, escogió el rojo.

Escribe una historia

En la escuela, la maestra regaña a Caperucita por su propensión a la distracción romántica.

—¡Hasta el zumbido de una mosca te distrae, niña!

—¿Y el rugido de un lobo?—pregunta ella, sumergida en su propio cuento.

Menú

La canasta llevaba dos manzanas, dos hogazas de pan, dos papas, dos zanahorias y dos frascos de miel. Era casi como si la mamá de Caperucita supiera que la abuelita tenía compañía.

Caperucita Noir

—¿Qué piensas de todo esto, Sam?

El detective subió los pies al viejo pupitre y miró a su ayudante por debajo del sombrero. Encendió un cigarrillo antes de hablar con voz rasposa.

—Escucha, Pequeño Bob, este caso es un callejón sin salida. Los investigadores forenses determinaron que, en la escena del crimen, había ADN que pertenecía a un hombre sin relación de consanguineidad con la anciana difunta. Yo mismo entrevisté a la pequeña de la capa roja. Todavía estaba en estado de shock y no reconoció a ninguno de los sospechosos de siempre.

—¿Y quién es el asesino?

—Solo hay una explicación para que la policía creara una historia tan compleja e inverosímil como esa sobre un Lobo feroz: fueron presionados por el alcalde para solucionar el caso rápidamente.

—Y la única razón por la que la gente se la ha creído...

— ...es precisamente que es increíble.

El detective miró por la ventana la noche que caía, cansada, sobre la ciudad. En el fondo, el oscuro y descarnado bosque lo miró de vuelta con sus ojos salvajes.

Nabokov

En el sillón del psiquiatra, el lobo hablaría por horas sobre la Lolita seductora en una caperuza roja que una vez ofreció llevarlo a una casa tibia, con chimenea, comida y una cama con sábanas limpias.

Visitas

La abuelita de Caperucita no quería recibir visitas y, al final de los finales, tenía razón.

Testigos

El lobo tocó la puerta:

—Buenas tardes, ¿me permite hablarle sobre el plan de salvación que Dios tiene para su alma?

Esta abuelita era agnóstica irredenta y, justo por eso, fue salva.

Isabel Burgos.

Zapatitos de cristal

Al no encontrar a la dueña del zapatito de cristal, el príncipe se obsesionó con su búsqueda. Dejó el palacio, abandonó la nobleza y, finalmente, se fue a Venecia, a aprender, con los grandes artesanos, el oficio de soplar vidrio y crear piezas de increíble belleza utilizando carquesas, crucetas, sopletes, tijeras. Se convirtió en un virtuoso en el modelado, corte y horneado, destacándose también en el trabajo del cristal de Murano, el esmaltado y los vitrales. Aprendió, además, a vivir sin amor.

Años después, el Hada madrina hubo de acercarse a él para comprar unas piezas que requería una de sus ahijadas. Ahí, el ex príncipe supo el fin de la triste historia de la Cenicienta, quien, cansada de tanto abuso, se fugó de su casa y terminó perdida en las drogas.

Orgullo animal

A partir de esa noche mágica, y cada día por el resto de sus cortas vidas, los ratones les contaron a quienes quisieran escuchar, lo maravilloso que fue ser uno de los caballos que tiraba del coche calabaza de la Cenicienta.

Historia oficial

No es cierto que Cenicienta fuera hermosa, solo era joven y saludable. Luego, con algo de maquillaje, el traje que le dio el Hada madrina y la actitud correcta, se convirtió en la Eva Perón de sus tiempos. La muy perra.

Amor de hermanastras

Cenicienta perdona a sus hermanastras, pero les escoge muy bien los maridos.

La venganza está servida.

Podología

Sí, pero a Cenicienta no se le «cayó» un zapatito de cristal. Era que no los aguantaba y, a las 11:59, se los quitó y salió huyendo del palacio como alma que lleva el diablo. Ya esa tarde, su hada madrina, cansada del lloriqueo, había estado a punto de mandarla al carajo y dejarla para siempre fregando pisos. Cenicienta aceptó ir al baile con los malditos zapatos solo porque la impresionó una frase que ella le dijo apretando los dientes, luego de tomarla por los hombros y sacudirla:

—Escúchame bien, pendeja. Antes muerta, que sencilla.

Al final, Cenicienta se salvó porque el príncipe tenía fetiche por los pies.

La Guerra

Muchos años después, frente al pelotón de fusilamiento, el Príncipe encantado recordaría el día en que una aldeana se coló al Baile de la Corona. Fue un pensamiento de esos que llegan inoportunamente y, como una mosca, se posan en la trascendencia del momento con sus patitas cargadas de memorias de episodios nimios de nuestras vidas. Ella era hermosa, joven, saludable y fuerte. Bailaron algunas piezas y no les importó que algunas mujeres de la nobleza levantaran una ceja. De pronto, y justo antes de que sonaran las campanas anunciado las doce, la guardia real irrumpió en el gran salón y la sacó a la fuerza. La pobre dejó caer sus zapatos y una diadema de flores.

El Príncipe regresó a la dura realidad de la madrugada en la que iba a morir y pensó que, tal vez, el haber entrado en esta guerra inútil era el equivalente de colarse al Baile de la Corona siendo un aldeano. Había llegado el momento de que lo sacaran a la fuerza. Hubiera querido pedir que le quitaran las botas, para morir como esa chica, con los pies descalzos y tocando la humedad de la tierra. Pero no tuvo tiempo.

Fregar pisos

A la Cenicienta no le gustaba fregar pisos. A la actriz que hace de la Cenicienta, tampoco. A la niña que ve la obra en la que actúa la actriz que interpreta a la Cenicienta, menos.

—¡Alguien tiene que fregar los pisos!—gritan, a través del tiempo y el espacio, la madrastra y el productor.

La mamá de la niña que ve la obra suspira. Ella es la verdadera Cenicienta.

Isabel Burgos.

El especialista

El doctor en Psicoanálisis, especialista en cuentos de hadas, abre la puerta a toda velocidad y corre hasta el teléfono, que suena insistente. Es de su oficina de la universidad. Otro alumno ha puesto una reconsideración de nota. El doctor ríe, es casi imposible pasar con A su materia, los chicos lo saben. Si se matriculan con él, es porque no quieren un final feliz. Tranquiliza a su secretaria, luego de que esta le recuerda los anónimos que han estado recibiendo. Suena el timbre. Mira por el ojo de la puerta. Es una viejita con una canasta de manzanas. Su vecina, tal vez. Abre la puerta y habla un rato con la señora. Compra la canasta, es para la caridad. Muerde una de las manzanas y saluda a sus siete gatos. Se mira al espejo y le pregunta quién es el más inteligente. Se pone la pijama y se duerme.

Dos días después, la policía encuentra su cadáver rodeado de gatos, con una plácida sonrisa en el rostro.

Isabel Burgos.

Felices para siempre

Luego de que el Príncipe encantado la despertara con un beso, la Bella durmiente se convirtió en la portavoz de la *Crema para la Noche Sueño Mágico*, con extracto de seda. Él no soportó todas esas sesiones de fotos, comerciales de TV, entrevistas en radio, paparazzi, lanzamiento de una línea de ropa tejida en rueca, giras por Nueva York y Londres, hoteles, libros, autógrafos, aviones. Pero, por sobre todo, no soportó ser el «Señor Bella Durmiente», ocupar el espacio del consorte.

Empezó a beber. Empezó a jugar. Encontró en otros pechos menos blancos, en otros cabellos menos perfectos, una suerte de alivio a su tristeza.

Si algo aprendió la Bella Durmiente ese año, fue que las princesas son las princesas, sí, pero los príncipes son los príncipes, y que la gran falacia de nuestros tiempos es la línea con la que terminan todos los cuentos de hadas.   21

Isabel Burgos.

Celda del caracol

Los ahogados vivimos en un perpetuo viaje. Nos subimos en corrientes submarinas y visitamos lugares increíbles, con bosques de algas y animales mágicos. Desde abajo, las panzas de los barcos se ven como grandes naves espaciales, como enormes nubes de metal, como omnipresentes recordatorios de la vida que alguna vez tuvimos en tierra. Vemos el sol en el día y las estrellas por la noche y nuestros ojos son como los ojos del mar.

A la pequeña Sofía, la niña del Mary Celeste, se le han enredado los cabellos en los corales. Nuestro viaje se detiene. Los delicados jirones de su trajecito de hilo, que antes volaban en el mar como cometas, ahora giran sin sentido. Aterrada, nos ruega que no la dejemos, llorando pequeñas perlas blancas que los erizos tocan con sus espinas, curiosos, una vez alcanzan el fondo del mar. No podemos permanecer mucho tiempo en un lugar: solo el viaje permanente nos garantiza algo parecido a la eternidad. Tomamos una decisión propia del mundo abisal. Enfrentados al horror, rompemos a reír a carcajadas, como locos, hasta causar una gran ola que revuelve el fondo y desarraiga a la ahogada de su cárcel marina. Entonces miramos con alivio nuestras cuencas llenas de agua de sal, y flotamos hacia otra corriente que nos llevará al siguiente océano.

Isabel Burgos.

La manada

La manada empezó a moverse, despacio primero, más rápido después, hasta adquirir un ritmo constante. Los caballos iban de recua y corrían perfectamente coordinados. Saltaban uno tras otro en una ola de músculos, huesos y sudor, en un mar de crines brillantes y monturas enjoyadas, haciendo de memoria el camino tantas veces recorrido.

El joven alazán trató, por infinitésima vez, de encontrar a su madre en la manada, pero ya era tarde: la música terminaba y los niños, armados de globos y algodones de azúcar, desmontaban dejando para siempre a los caballos encerrados en el pequeño infierno circular del carrusel.

El clóset

El tipo tenía a su abuela escondida en el clóset. Y no metafóricamente. Literalmente tenía a su abuela escondida en el clóset. Digo, era un clóset grande y con luz, pero era un clóset. Sin ventilación ni nada. La metía ahí, la sentaba en una mecedora, le dejaba una bandeja de sandwichitos, una jarra de culei y una bacinilla, y la trancaba. Qué pasaba afuera durante el tiempo en que estaba encerrada, ella no lo sabía. Solo sabía que, cuando el tipo la dejaba salir, ella caminaba a su cuarto y él se encargaba de limpiar todo en el clóset. Ella nunca le recriminó nada, le daba lo mismo estar encerrada que sentada en la sala con la TV encendida, o acostada en su cama viendo el techo. Tal vez esto era una nueva costumbre, o él necesitaba su espacio. En realidad, ella no lo sabía ni le importaba. Incluso, casi que disfrutaba de esos momentos de soledad absoluta en los que podía tomar culei y comer sandwichitos sin nadie que la molestara con el azúcar, la chapa, el plato o el colesterol.

Una tarde, mientras permanecía encerrada con el foco de 25 vatios colgando sobre su cabeza, notó que en la esquina del clóset había una muñeca de trapo. Al principio, le pareció una tamuguita de ropa, de las que separaban para regalar. Pero luego vio la lana negra del cabello, el botón amarillo que hacía de único ojo y el trajecito de tela de flores. Se levantó con cuidado de la mecedora y la observó por largo rato. Luego, la tomó en sus manos y la invitó a un sandwichito y un culei. La muñeca tenía muchas cosas que contar. Le habló de cómo se divierten los juguetes entre ellos cuando nadie los mira, y de que a veces lo hacen frente a los niños cuando son muy pequeños; de cómo le insuflaron la vida dentro de su pechito usando un gran soplador de almas, y que no dolió; de cuántas veces quedaba por horas, días, años, en una posición incómoda en el suelo, repisa, caja de juguetes; y de lo fácil que era hacer que el tiempo se doblara sobre sí mismo, como cuando uno hace una alforza en la máquina de coser. La abuela le hablaba de cómo ella soñaba a menudo que podía volar, de cómo una vez había adivinado los 12 números de la lotería, del buen remedio que eran las hojas de salvia contra el dolor de cabeza. A la abuela, todo esto le parecía entretenidísimo y se divertía horrores, hasta que llegaba el tipo a poner fin a la tertulia y la sacaba del clóset.

La amistad de la abuela con la muñeca de trapo fue una de las cosas que la animaron a continuar con vida en sus últimos años. Esperaba con ansias esas horas de libertad en las que hablaban de filosofía, volaban sobre los campos, visitaban otros tiempos y comían sandwichitos con culei.

Un día, la esposa del tipo decidió hacer limpieza de primavera en todos los clósets de la casa y botar las cosas que no servían. El corazón de la abuela no lo soportó.

Isabel Burgos.

La coqueta

Hemos comprado una hermosa cómoda antigua. No sé si la palabra adecuada es cómoda. En mi casa, le llamábamos coqueta porque así le decía mi papá, que de vez en cuando adornaba la conversación con sonoras palabras de su natal Cuba. La coqueta es el mueble para la recámara que tiene un espejo y facilita a las damas su arreglo personal. Esta data del siglo XVIII, pero está en muy buenas condiciones. El anticuario nos garantizó su originalidad con un certificado de los talleres de Hammersmith & Bosch, de Londres, y se mostró más que interesado en darnos un buen precio para asegurarse de que nos llevaríamos la pieza ese mismo día.

La coqueta es pequeña, de caoba tallada. Tiene dos cajoncitos con tiradores de bronce. El espejo ovalado, manchado en sus bordes por los años, está sujeto a los lados por un curioso mecanismo que hace que uno pueda inclinarlo hacia adelante o hacia atrás.

Pero lo más maravilloso, lo que me encantó, lo que me robó el alma, fueron sus patas labradas en bronce, que reproducen, casi a la perfección, las patas de un fauno. No sé cómo explicar por qué sé que son de un fauno, simplemente lo sé. Tal vez porque, si uno se aleja lo suficiente, el mueble entero adopta una cualidad antropomórfica. Y el mecanismo que permite al espejo inclinarse da la sensación de cuernos u orejas puntiagudas. Sí, ahora que lo pienso, desde la distancia, la coqueta parece un fauno, agazapado, esperando ansioso para saltar sobre una ninfa. Es más, si logro ponerme en la posición correcta, mi cara se refleja entera en el espejo y, entonces, soy yo el que tengo cuernos de bronce, toco la flauta y me cuelgo de las ramas de los árboles haciendo sonar el viento sobre el río.

A veces, consigo volver a encontrar el pequeño punto de luz ovalado por el que entré a este mundo, pero el bosque es húmedo, las flores perfuman el ambiente y quedan tantas alegrías por descubrir.

Isabel Burgos.

El acuerdo

Fue su momento eureka. Se supo intocable por una vez en su vida. Asumió su realidad y decidió no dar marcha atrás.

Entre sus obligaciones, como querida del jefe, estaban: darle mantenimiento regular fuera de horas de oficina; lucir pelo, uñas y piel impecables; ignorar las miradas lascivas de los compañeros y envidiosas de las compañeras; comprar regularmente nuevas piezas de ropa interior; y, ante todo, ser invisible para la esposa. Entre las obligaciones del jefe estaban: ofrecerle un lugar digno donde vivir y una pequeña mensualidad; asegurarle permanencia en el empleo y considerar la relación un acuerdo comercial. Esto último, se lo había pedido ella, seria, como siempre, cuando discutieron los términos de la negociación una noche en un restaurante de esos que tienen ranchitos y que la gente común conoce como «lugares de trampa». Lo menciono porque, en este caso, no había trampa alguna. Todo estaba puesto sobre la mesa, al menos entre ellos dos. Él había sido claro ofreciéndole lo que podía y ella lo había aceptado recibiendo del Cielo, en ese momento, lo que sería la gran epifanía de su vida: Nunca iba a progresar, por más graduada que estuviera, por más que cumpliera con su trabajo a cabalidad, por más que fuera una mujer seria y decente. Nunca podría juntar suficiente dinero para comprarse una casa, nunca ascendería a una posición de mando, nunca tendría una vida interesante y plena.

Y la culpa de todo la tenían sus caderas. Tenía cuerpo de alternadora, así le decía su abuela. Desde los 11 años, la piropeaban en la calle diciéndole vulgaridades, como si fuera una mujer. Por más que se vistiera recatadamente y procurara que su lenguaje corporal fuera mudo, todo su ser gritaba sexualidad. Sus jefes, si eran hombres, no la veían como la incansable trabajadora que era, sino como una infinita posibilidad, como una puerta siempre entreabierta al placer. Si eran mujeres, la enterraban en el escritorio más escondido de la oficina. Fue tildada de amante del jefe mil veces, y mil veces calló para evitar un escándalo frente a sus compañeras. Ya le era suficientemente difícil establecer una relación de amistad con una mujer, para, encima, dividirlas en bandos.

Así que ese día, como muchos días antes, este jefe, como muchos jefes antes, la invitó a comer algo al final de la larga jornada. Casualmente, sin mirarla de soslayo, ni agregarle un tono particular a la voz. Ella, que ya tenía practicada la respuesta que usaba en estos casos, bajó la mirada para contestarle que no. Pero se detuvo en seco al ver el tacón de su zapato: pelado y sin chapita. La había perdido subiendo entre empujones al bus, rogando que hubiera un puesto vacío donde sentarse para no tener que sufrir el suplicio de ir parada con las caderas junto a la cara de un hombre cualquiera, quien enterraría la mirada en ellas todo el trayecto. Había estado todo el día con la media raída y un *clap clic clap clic* acompañando su caminado felino. Miró por encima de la cabeza del jefe, a través de la ventanita asquerosa de oficina pública, por la que se colaba un rayo de luz. Le pareció oír una música angelical. En ese momento, lo decidió.

—Está bien.

—¿Está bien? ¿Quiere decir que me va a acompañar a cenar?

El jefe ya había perdido las esperanzas y lanzó la invitación casi que por costumbre. Jamás pensó que esta vez ella aceptaría.

—Sí— Se pasó la mano por el cabello y, por una vez en la vida, deseó haberse maquillado un poco.

Llegaron al lugar y pidieron algo de comer. El trató de hacer algunos chistes, pero ella no tenía sentido del humor, nunca lo había tenido. Los hombres siempre malinterpretaban su risa. Cuando él pidió la tercera cerveza, ella, seria como un juez de campo, le puso los puntos sobre las íes.

—Si usted quiere, podemos irnos ya a un lugar más privado. Pero antes, acordemos algunas cosas.

Ella racionalizaba la situación otorgándole la categoría de segundo trabajo. Muchos de sus compañeros hacían medio tiempo adicional en otra cosa para redondearse la quincena. En lugar de cuidar niños los fines de semana, ella era la compañera eventual del jefe. Eso era todo. No había nada de romanticismo involucrado. Ella no aspiraba a que él dejara a su esposa, ni quería que le comprara joyas, ni que le dedicara más tiempo del estrictamente necesario. Por eso, se preocupó cuando empezó a disfrutar esos momentos robados junto a él. Cuando se sorprendía arreglándose de más frente al espejo. Cuando tuvo ese orgasmo que casi derrumba las paredes del cuarto. La gota que derramó el vaso fue un día en que él, luego de una sesión amorosa y mientras se calentaba una taza de agua para tomarse un té, dijo algo que la hizo soltar una carcajada. Ambos se miraron con los ojos muy abiertos, ella tapándose la boca y él, con una expresión más incrédula que feliz. Supieron, entonces, que habían cruzado juntos una frontera más peligrosa que la franja de Gaza.

Él hizo sus maletas la noche siguiente y se fue de su casa. Cuando llegó al apartamento, ella ya se había marchado. Solo quedaba una nota que decía.

—Esto no fue lo que acordamos.

Isabel Burgos.

El náufrago

El náufrago caminó con dificultad hacia las rocas. Las había bautizado Cabeza de Búfalo solo porque lo parecían y porque nombrando las cosas, es que realmente nos pertenecen. Ya había hecho la marca número treinta y siete en la Palmera calendario en que diariamente llevaba el recuento del tiempo pasado en la isla deshabitada. Se asomó en la Lavadora, una olla que formaban los corales, donde el agua subía y bajaba con fuerza. Esperó que la ola vaciara la olla para sacar, como las llamaba él, *Algas de las especiales*. A veces, en lugar de especiales, les decía espaciales.

Se sentó, como todas las tardes, en la playa. Masticó las algas amargas y se fue hundiendo en un profundo sopor del que despertó asustado, en su cama, con la colilla del porro aún entre los dedos. Su mujer estaba a su lado y el perro salchicha se incrustaba bajo sus costillas. Se dio la vuelta para desentumecerse y vio, en la mesita de noche, a la luz del despertador, píldoras, cuentas por pagar, celulares y otras calamidades. Se levantó y fue hacia su *Cajita feliz*, de donde sacó un puñado de hierba seca de la especial, que a veces llamaba espacial.

Despertó con la madrugada y agradeció, con todo su corazón, el frío de la arena húmeda en su espalda.

Isabel Burgos.

Otra vida

Si yo pudiera retroceder el tiempo, regresaría a la tarde esa en la que fui a tu oficina a pedirte algo que necesitaba, ya no recuerdo qué, un papel, una firma, qué se yo. Regresaría a esa tarde y, al encontrarme frente a tu puerta, en lugar de hacer girar la manigueta y entrar preguntándote «¿Es usted el señor Santizo?», seguiría de largo por el pasillo iluminado con esa luz blanca de hospital, hasta llegar a la escalera puerca de institución pública. Bajaría los tres pisos, me despediría del conserje y me largaría para no volver jamás. En lugar de sentarme frente a tu pupitre y sonrojarme un poco cuando te vi mirándome las tetas con disimulo, entraría en el casino de la otra esquina, jugaría al Black Jack y me ganaría veinte mil dólares que emplearía en comprarme un pasaje y un guardarropa para unas maravillosas vacaciones en el Caribe. En vez de estrechar tu mano, como quien no quiere la cosa, al despedirme y darme la vuelta, cuando me pediste mi pin del Blackberry poniéndote a las órdenes por si yo necesitaba algo más, entraría a mi casa, mandaría a la mierda a mi mamá y me iría al salón de belleza a teñirme el pelo de rojo, porque tú odias a las pelirrojas y yo ya no quiero ser yo.

Isabel Burgos.

Sin título #1

En mi sueño, yo contesto el teléfono y una persona me pregunta por alguien que no conozco. Es una voz de mujer y se trata de un tema formal, algo de negocios o de trabajo, no sé. No recuerdo las palabras, solo recuerdo adquirir la conciencia de escuchar soledad pura por el auricular. En mi sueño pienso en lo triste que tiene que estar esta persona para lograr que se le escape la soledad a través de palabras. Luego ya no estoy en el teléfono. Estoy en un banco y sigo hablando con la misma persona, pero ahora cara a cara. Solo nos separa un escritorio lleno de papeles. Miro sus ojos. No los conozco, pero son los ojos más tristes que he visto dormido o despierto. Pienso: «Estos son los ojos más tristes que he visto, dormido o despierto». Pienso: «Estoy soñando con una mujer triste que no conozco». Ella sigue inmersa en su explicación de tasas e intereses, en su firme aquí, en su permítame su cédula. Pienso: «Quiero sacarla de aquí, llevarla a ver el mar». Eso pienso, llevarla a ver el mar. En mi sueño, afuera del banco hay rocas, y más allá de las rocas está el mar. Quiero sacar a la mujer triste del banco para que vea el mar, porque, en mi sueño, el mar es la cura para la tristeza. Cruzo la puerta del banco, veo claramente al guardia de seguridad que me dice déjeme revisar a la mujer triste que lleva en su bolso. Abro mi bolso y solo hay un cuaderno de apuntes y mi celular, que suena. Contesto. Es la mujer triste del banco que me habla de cuentas corrientes, de depósitos a plazo fijo. Me siento en una roca frente al mar, afuera del banco. Cierro el celular y vuelve a sonar. Abro los ojos, estoy en mi cama. Suena el teléfono. Contesto. Es una mujer triste que me quiere vender un fin de semana frente al mar.

Carta a mamá

De: Mayte Morris

Para: María Gabriela Morris (Mamá)

Asunto: Urgente – Necesito hablarte, mamita

Mamá.

Te escribo este correo confiando en que te conectes esta noche y lo leas a tiempo. Sé que no te llamo muy seguido, pero necesito hablar con alguien. Perdóname, por fa.

Mamita, ¿recuerdas cuando era niña y lo único que quería era jugar al teatro? ¿Recuerdas cómo sentaba a mis muñecas para que fueran mi público y te hacía iluminarme con dos linternas? En ese momento, el teatro era solo una ilusión, porque yo quería ser actriz, pero no sabía lo que eso significaba. Tanto esfuerzo, mamá, tanto estudio, tanto arrastrarme por los pisos sucios de la facultad, tantos extras que he tenido que hacer, para que, al fin, al fin, mamita, me dieran mi gran oportunidad.

Y justo ahora que las cosas parecen marchar bien, sucede esto.

Durante los ensayos todo fue miel sobre hojuelas. El director es un señor muy serio y muy estricto, pero es un maestro y he aprendido muchísimo. Mis compañeros de elenco son espectaculares y Charlotte, la maquillista, me ha tomado bajo su protección. La obra estaba corriendo muy bien, el vestuario era hermoso, mamita; ojalá pudieras verme en esos trajes de época con engañadora y peluca. Me transformo, soy otra, mamá, lo que siempre soñé. Estaba, total y completamente, feliz. Hasta que entramos al teatro.

Vas a creer que estoy loca, pero lo que te estoy contando es la verdad y tú sabes que yo no miento. El primer día que ensayamos en el teatro fue raro, porque estábamos acostumbrándonos al espacio. Cuando terminamos, ya era tarde y todos, más experimentados que yo, tomaron sus cosas y se fueron rápido. Mamá, no me vas a creer, pero me quedé encerrada en el edificio.

Cuando salí de mi camerino, todo estaba oscuro y silencioso. Los teatros son lugares extraños. Hay ruiditos, hay cosas que cuelgan, protuberancias en el piso, en fin, casi no podía moverme entre la oscuridad, el miedo y los obstáculos. Ahí fue donde la vi por primera vez. Fue solo una impresión, o una sensación, no sé bien cómo describirla. Sentí que alguien pasó detrás de mí. Más bien, oí que alguien pasó detrás de mí. Sí, escuché claramente el sonido que provoca la seda al rozar los alambres de las engañadoras. Lo reconozco perfectamente, porque es el sonido que hace mi traje. Se me erizó la piel, pero deseché pronto el pensamiento, primero porque era absurdo, y segundo porque estaba tratando de no entrar en pánico y quería conservar la cordura. Llamé por celular al director de escena, que me prometió venir lo más pronto posible y se disculpó por no haber comprobado que el teatro estuviera vacío antes de cerrar. La cosa no pasó a mayores.

Pero a partir de ese momento, empecé a verla. Si estaba esperando mi turno para entrar a escena, veía con el rabito del ojo algo pasar tras de mí. O al quitarme el maquillaje en el baño del camerino, si levantaba la vista del lavabo y me miraba en el espejo, veía en el reflejo un celaje, algo que pasaba rápido. Charlotte trató de darme confianza diciéndome que cualquier teatro que se respete tiene su fantasma, y que solo los actores con mucha sensibilidad podían verlo. Pero, mamita, anoche, la noche del ensayo general, la vi de espaldas, claramente. No huyó ni se escondió. Se quedó de pie, en la trasescena. Su traje era igual al mío, de seda color melocotón. Los rizos de su peluca caían rubios, sobre su espalda. Era igual a mí, mamita, igual a mí. Dicen que morirse en escena da mala suerte. ¿Será ese mi fantasma?

De: Roberto Morris

Para: Robertito Morris

Asunto: FWD: Urgente – Necesito hablarte, mamita

Tito, tu mamá está en cama desde que algún imbécil le envió esto ayer. Por favor, fíjate si alguno de tus amigos cibernéticos puede encontrar de qué computadora salió este mail. Y a ver si vienes a ver a tu mamá un rato. Desde que tu hermana murió, no puede dormir por las noches. Y ahora esto.

Papá.

Ochinué

Una noche cada mil años, la luna no sale siguiendo las indicaciones de su reloj astral, sino que salta de pronto, como un grillo, hasta la mitad del cielo. Esta noche hay un gran viento y los perros hacen silencio y miran, asustados, a las estrellas que parpadean desconcertadas. La noche del Ochinué, así la denomina la leyenda, es una noche mágica, en la que las peores pesadillas y los mayores sueños se hacen realidad.

Durante el Ochinué, los muertos que partieron de manera injusta salen en forma de un viento caliente a visitar a quienes tomaron sus vidas. Cuando los encuentran, los envuelven en su hálito sofocante y, durante una pequeña fracción de segundo, los llevan a contemplar el mundo de los espíritus de donde han salido. Luego de eso, muchos amanecen con la cabeza blanca, o la razón perdida.

El gran calendario del sol y los planetas apunta que esta noche es la noche del

Ochinué. Esperaré a Naira, mi mujer, sentado en el tronco donde nos conocimos. Si viene por mí y me cubre con su aliento, me aferraré a ella y viviré lo que queda de eternidad pidiéndole perdón.

Amigas

Las vi reflejadas en el espejo del almacén. Abrí la boca para llamarlas, e inmediatamente la cerré. No podía creerlo. Eran ellas. Una todavía conservaba su pelo largo de comercial de champú, y la otra, ese look medio hippie tan familiar. Tenía treinta, treinta y cinco años, que no las veía, y las reconocí enseguida. Divertida, decidí observarlas un rato antes de ir a saludar. ¿Me recordarían? Tal vez, tal vez no. No podía creer que aún fueran amigas. Del combito de mi primera infancia, no había vuelto a ver a nadie. Ni a Esteban, ni a ninguna de las otras niñas. Tal vez por evitar que mi mamá pusiera esa cara que ponía cuando nos encontraba jugando. Tal vez porque me ocupé demasiado con mis clases de violín. Lo cierto es que un buen día, no las vi más.

Perla y Mirna estudiaban un par de botas de tacón con atención casi científica. Una comentaba algo bajito y la otra asentía y reía, como si se tratara de un chiste. ¿Qué podían encontrar tan interesante en ese par de botas? Ni siquiera eran bonitas.

Recordé cuando jugábamos a la Mujer Maravilla. Aunque yo siempre tenía el papel estelar, ellas conseguían que sus personajes fueran más divertidos. Lograban ensamblarse de tal manera que era como si de verdad tuvieran un guion de antemano. Si jugábamos en la mansión de la Barbie, yo era Barbie y a ellas les tocaba ser Teresa y Maude, pero, de alguna manera, conseguían que las vidas de Teresa y Maude resultaran más interesantes. Sí, Barbie tenía su mansión y tenía a Ken, pero Teresa y Maude viajaban al África, cantaban en una banda pop, viajaban a Plutón y salvaban la Tierra.

Mirna tomaba ahora unas sandalias amarillas con tacón de corcho. Dijo algo y Perla le puso su mano sobre el hombro. Buscaron el precio en la caja, abrieron desmesuradamente los ojos y se alejaron de las sandalias. Quedaron escondidas tras una columna. Maldije para mis adentros, pues ahora tendría que moverme y no quería llamar la atención. Caminé mirando hacia abajo, con mi cartera en la mano, y me situé en otra silla. Las miré un rato más y, mientras reían, hablaban y subían y bajaban zapatos, me imaginaba una burbuja a su alrededor, una burbuja que las aislaba de todo, como si solo existieran ellas dos en la tienda, en el centro comercial, en la ciudad, en el mundo. Un ladrillo se plantó en la boca de mi estómago, como cuando tenía cinco años. Hacía mucho tiempo que no lo sentía. Ellas tenían un vínculo especial y, de alguna forma, yo siempre quedaba fuera. Sí, jugábamos juntas, nos reíamos, cantábamos, corríamos, pero yo sentía que, a pesar de quererlas con todo mi corazón, había algo que no sabía. No eran recíprocas en la entrega amistosa. No me necesitaban, solo me usaban para jugar. Ya sé que es absurdo situar ese pensamiento en la cabeza de una niña de cinco años, pero hasta mi mamá dice que nací pensando. Tal vez, en ese entonces, no podía articularlo tan claramente, pero la sensación estaba ahí. Era verde. Era envidia.

Perla levantó los ojos y me sorprendió mirándolas, taladrándolas. No supe qué hacer, desvié la mirada y me puse a buscar algo en la cartera. Las sentí inmóviles unos segundos. Volví a dirigir mi mirada hacia ellas, decidida ahora a disimular, a sorprenderme como si las reconociera por primera vez. Tal vez me lo creerían. Tal vez podríamos tomarnos un café y no vernos nunca más. Pero era tarde: se habían marchado.

Suspiré. Era lo mejor. No quería pasar por eso otra vez. Me había tomado muchos años volver a tener amigas verdaderas, que me quisieran como soy, que me incluyeran en sus bromas, que comentaran conmigo sobre zapatos poco interesantes.

Decidí darme la vuelta y dejar todo este episodio tras de mí. No sería tan difícil. Ya lo había hecho una vez, hace muchos años, cuando mi mamá me prohibió jugar con mis amigas imaginarias.

El profesor Theodoridis

El profesor Theodoridis tomó el vaso sudado y se lo llevó a los labios. Aclaró su garganta y terminó los 23 minutos finales de su disertación sobre la Tradición clásica griega y la Literatura latinoamericana a partir de dos ejemplos comparativos. El público del auditorio de la Universidad Nacional, compuesto primordialmente por profesores que intentaban meter puntos con sus decanos, estudiantes que harían cualquier cosa por faltar a clases y empleados administrativos que ocupaban puestos para que el evento no estuviera vacío, aplaudió y, a continuación, con mucha diligencia, devoró las boquitas patrocinadas por un restaurante griego de la localidad.

La encargada de cultura de la embajada de Grecia en Panamá (el señor embajador debía asistir a un desfile de modas en el Casco viejo), felicitó al Profesor Theodoridis y ofreció llevarlo a su hotel.

En el carro, la encargada de cultura se disculpó con el profesor Theodoridis por todo lo que pasaba a su alrededor: el hueco en el que acababan de caer; el niño vendiendo frutas desconocidas en cartuchos plásticos; la Iglesia del Carmen que parecía un gran pastel de bodas; el policía de tránsito que, más que dirigir, bailaba bajo el semáforo; el taxi que se les atravesó y casi los choca. Al Profesor Theodoridis le pareció todo un poco gracioso y sintió que, de alguna manera, el caos reinante en la ciudad era una versión latina del caos ateniense. Recordó el tranquilo pueblo de su niñez entre árboles de olivo y caminos polvorientos, y, al regresar por la ruta de la memoria, el verde reinante a su alrededor le lastimó los ojos. Tuvo una iluminación. Decidió que su pueblo debía tener un equivalente aquí, y, en un arranque totalmente fuera de carácter, se propuso conocerlo.

—Buenas tardes, profesor. Espero que descanse y que el ruido de la calle no le moleste mucho—se excusó, una vez más, la encargada de cultura.

—En lo absoluto. Ha sido toda una experiencia—dijo Theodoridis en perfecto español y tratando de sonar más amable que de costumbre.

—Dígame, ¿hay algún lugar cerca en el que pueda averiguar sobre giras al interior del país?

La encargada de cultura lo miró desconcertada.

—¿Giras al interior?—La embajada no recomendaba que fuera solo a ninguna parte. El turismo estaba muy por debajo de los niveles a los que debía estar acostumbrado un hombre que viajaba tanto como él, y realmente no había mucho que ver.

Theodoridis le agradeció y se despidió con una sonrisa, esperando no tener que volver a verla nunca más. Se dirigió al conserje y, en poco tiempo, estuvo inscrito en un tour que lo llevaría a conocer el valle de Antón. El panfleto prometía transporte *Panamá-El Valle-Panamá*, recorridos por el mercado artesanal y al zoológico el Níspero, almuerzo en la Casa de Lourdes y visitas al chorro de las Mozas y a la

Piedra pintada. Recordó que en su pueblo había una granja que era casi un zoológico, una cascada que, de lejos, se parecía a la de la foto, y ruinas de una antigua civilización que cualquiera podría catalogar como piedras pintadas. Lo decidió: el valle de Antón era su pueblo natal en el universo paralelo de Latinoamérica.

Durante la noche, la excitación del viaje fue adquiriendo proporciones demenciales. Comenzó a juguetear con la idea de que el trazado de las calles sería el mismo que el de su pueblo, que la Iglesia estaría en el mismo lugar, que sabría cómo llegar a la casa del doctor, si tuviera la necesidad. Imaginó que cada persona tendría su alter ego. Trató de adivinar qué fruta reemplazaría a la omnipresente aceituna y, finalmente, centró su pensamiento en Ana.

El recuerdo cálido de la joven lo hizo voltearse sobre su costado y abrazar la almohada. Nunca más había amado a alguien con tanta devoción, con tanto candor. Nunca más había amado a alguien. Ana estuvo presente en cada una de sus relaciones posteriores, recordándole que la mujer que tenía por delante no era ella, la chica de ojos oscuros que cosía sentada en una piedra afuera de su casa. Era hija de inmigrantes españoles y culpaba de la melancolía permanente que habitaba en sus ojos a que no podía ver el mar. Era una grácil palmera trasplantada en la montaña.

El profesor Theodoridis estuvo antes que nadie en la puerta de su hotel esperando el bus. Se subió de primero y se sentó tras el conductor. Al cruzar el puente de las Américas y ver el mar, sintió una punzada en el corazón. Las curvas para llegar al Valle marearon a varias turistas canadienses, a pesar de que el guía repartió hojas de limonero para que las estrujaran entre sus manos y las olieran. Theodoridis desesperaba porque reconocía el sinuoso camino que lo llevaba de vuelta a su pueblo.

Al llegar, el bus se estacionó frente al mercado artesanal. Teodoridis sonrió al ver la estación de gasolina en diagonal, y la Iglesia unos metros más allá. Todo concordaba. Abandonó el grupo sin decir una palabra. Giró a la izquierda en la casa de la viuda Basinas, y, una vez más, cuando pasó frente a las caballerizas del Capitán Nikopolidis. En pocos minutos, estuvo ahí. Una casucha con el hogar encendido, un árbol bajo el que jugaban dos pequeños y una gran piedra que parecía un asiento. Su corazón se aceleró.

Una joven mujer guna salió de la casa sin verlo. Se sentó a coser una mola en la piedra. Theodoridis cruzó la cerca de papos. Ella levantó la mirada y él reconoció la melancolía de no poder ver el mar.

—¿Ana?—preguntó él.

—Soy Analida. ¿Quiere tomarse una foto?—contestó ella confundiéndolo con un turista curioso—. Tenemos molas en el mercado de artesanías. Allá está mi mamá con lo que hay. Aquí no nos queda mucho.

—¿Extrañas el mar?

Ella frunció el entrecejo y pareció atravesarlo con la mirada. Él reconoció el gesto. Una palmera trasplantada en la

montaña. Se sentó a su lado y comenzó a vivir
los primeros minutos de su nueva vida.

Isabel Burgos.

La invasión

El soldado trepó por la alcantarilla y revisó sus coordenadas para encontrar el objetivo. Recordó los meses de entrenamiento. Repasó mentalmente las posibilidades de emboscada.

—¡Muera el invasor imperialista!—murmuró entre dientes para darse ánimos.

Subió al cuarto. Pensó en su líder, Pérez, y en cómo había afrontado este momento en la historia con valentía y decisión. Ni siquiera llegó a la almohada. Los invasores, ¡Malditos sean!, con sus poderes mágicos y pociones ancestrales, se llevaron el diente e inmovilizaron al soldado.

A la mañana siguiente, la empleada gritó al sacarlo con la escoba de debajo de la cama. El niño no lo notó, pues ya bajaba la escalera, feliz, con una reluciente moneda en la mano. El Hada de los dientes había ganado esta batalla.

La casa vieja

Éramos felices. Corríamos de un lado a otro derrumbando floreros, escondiéndonos tras las cortinas. Nuestras risas resonaban en los corredores, en los jardines. Hablábamos de todo, hasta tarde, mirando las estrellas por la ventana de la buhardilla.

Hasta el día en el que llegaron, abrieron puertas, limpiaron pisos, sacaron muebles y pintaron las paredes, que tanto amábamos, de colores con nombres ridículos como Noche en París y Orquídea tropical. Fuimos desapareciendo, uno a uno, sobrecogidos ante el horror de descubrirnos como una inverosímil e inútil antigüedad. No creían en nosotros.

Morgana

Los ingleses, desorientados, tratan inútilmente de llegar a Panamá por tierra. Los vencen los mosquitos, el hambre y la vergüenza. Morgan los ha abandonado. Enamorado hasta los tuétanos de la hija del curandero, deja navíos y anhelos de conquistar la ciudad del otro océano. Muda espada por arco y flecha y armadura, por taparrabo. Duerme en una hamaca y acepta de buen grado que los niños le tiren de los pelos de la barba.

Luego de un tiempo, su mujer lo aborrece, pues no encuentra en él ambición alguna.

Destino

Dame tu mano dominante, le había dicho la quiromántica. El contador, un poco intimidado por el sonido de sus innumerables pulseras, le entregó la derecha. Ella la miró intrigada por unos segundos. Ahí no había nada más que marcas sin sentido. Molesta, tomó la mano izquierda y ahora sí pudo leerle, con creciente turbación por la obviedad de la disonancia, una gran vida de bohemio, de grandes amores, grandes placeres, grandes creaciones, grandes gestos. Él, pequeño en todo, supo que sus padres le habían robado su destino cuando de niño descubrieron que era zurdo y lo obligaron a ser como los demás.

Isabel Burgos.

Carta a una señorita en París de Parita[1]

De día duermen. Hay diez. De día duermen.
Julio Cortázar

Ve, Leidis, cuando vengai de vuelta a la ciudad y veai tu cuarto no te vayai a asustá. Yo me voy pa onde mi tata, ya no puedo más. El cuarto se ha llenao de piedreros, Leidis, te digo que uno les da un dedo y se cogen la mano, el brazo y to lo demás. Sí, es verdad que yo le di comida a uno una noche, pero es que no soporto verlos ahí, tiraos en el zaguán, con cara de que no tienen un dios que los ampare. Empezaron a venir, de dos en dos, todas las noches. Igual, yo cocino bastante, vos sabéi que no me gusta cocinar pa mí na má y no quería que se perdiera la comida. Y pobrecitos, Leidis, el poquito de arroz con poroto que yo

---

[1] París, además de ser la capital de Francia, es un corregimiento del distrito de Parita, en la provincia de Herrera, en la república de Panamá. Su población es de 1.070 habitantes.

les daba era la única comida que hacían al día. Un día se me metió uno y me pidió permiso pa bañarse. Yo no tuve corazón. Me daba un poco de revoltura, vos sabéi cómo es uno con sus cosas. Pero le saqué una toalla vieja y un jabón y se bañó. Salió como nuevo. A la noche siguiente vino otro, y luego otro.

Y los tengo aquí, Leidis. Durmiendo en el piso. Comiéndose las latas de tuna y de sardina. Quitaron las cortinas pa hacerse sábanas. Ven televisión en el sofá y hasta en la cama. No tengo corazón para largarlos. No tengo corazón para envenenarlos. Me voy. Espero que cuando regresei, los encontrei vivos. O muertos. No sé.

Isabel Burgos.

La pecera

A Pepe, que me regaló esta historia.

Una vez se marchó el último paciente, el doctor Emiliano Sibauste III apagó todas las luces del consultorio excepto la de la pecera, se sentó en su sillón de cuero, subió los pies en el pupitre y procedió a revisar, con el gran pez dorado que nadaba entre burbujas, cada uno de los casos que había recibido. El pez, como cada noche, diagnosticó, recomendó tratamientos y sugirió terapias, mientras el doctor tomaba minuciosas notas de sus indicaciones y consejos. Una vez terminaron con el trabajo del día, el propio Emiliano Sibauste III se acostó en su diván y procedió a narrarle al pez un capítulo más de su tormentosa infancia. El pez lo escuchó con una mezcla de simpatía profesional y estoicismo. Luego, le hizo la misma recomendación que le hacía todas las noches y, como todas las noches, el doctor Emiliano

Sibauste III se negó rotundamente a visitar a un verdadero psiquiatra.

Isabel Burgos.

El cliente

La Muerte se le acercó por la espalda, a hurtadillas. Le gustaba jugar ese juego: caerle a los clientes de sorpresa. Llevaba un registro de cuánto tiempo, antes de exhalar su último aliento, se daban cuenta de que estaban muriendo. Su récord personal era de dieciséis segundos. Bastante si uno se pone a pensar en ello. Nunca le había tocado llevarse a alguien que moría de imprevisto—porque le cayó un piano en la cabeza mientras paseaba por una calle, por ejemplo. Eso sería divertido. Pero, en fin, este no era el caso.

El cliente estaba apoyado en la ventana de su oficina, mirando hacia la ciudad. La Muerte se frotó las manos y le sopló su aliento helado en la nuca. Vio cómo se le ponía la carne de gallina y se llevaba la mano al pecho. Sonrió. ¡Eran tan predecibles! Pero, entonces, pasó lo inconcebible. El cliente giró su cuerpo hacia ella y le dijo, mirando al vacío, con un voz segura y firme, «Te estaba esperando».

¿Qué rayos? Había oído sobre clientes que sabían que estaban muriendo desde el día de su nacimiento, pero siempre creyó que se trataba de un mito urbano. La sorpresa dio paso al disgusto. ¡El juego estaba arruinado! ¡Y había en la existencia de la Muerte tan pocas cosas que la divertían! Abrió su boca, enojadísima, y rugió, mostrándole al cliente el abismo eterno al que se enfrentaba, y este ni parpadeó.

—Está bien. No tienes que presumir. Si estás lista, vamos.

¿Que si ella estaba lista? ¿Qué era esto, una cámara escondida de los avernos? Por un momento, no supo qué hacer, cómo reaccionar. Estaba furiosa. ¡No! ¡No estaba lista! No estaba preparada para ser un vulgar mensajero que llevaba almas a su destino final. En este negocio había mística, había tradición. «¡Malditos humanos! ¡Todo lo desmitifican!»

—¿Y bien?

La Muerte se llevó la mano al pecho y contó quince segundos, rompiendo su propio récord. Bastante, si uno se pone a pensar en ello.